AF400026

Photo couverture : Michael Judkins

Au point d'équilibre

Anne Demarty

Au point d'équilibre

Ce livre est dédié » à mes fils
Jean-Baptiste & Alexis

Table des matières

Chapitre 1

SENSITIVITE

AU MOULIN DE LA LANDE

Attends !
Au bout du chemin
Le long du ruisseau,
Là où est le saule, à l'aurore,
Le sombre tombe dans l'horizon.
Entends le silence… puis…
Le vacarme monte de tout ce qui vole.
On est dans les aigus,
A gauche, tac tac
A droite, tic tic
Et d'autre chose plus haute encore
Oh écoute ! Ça traverse de l'une à l 'autre oreille.

Attends entends !
Au fond plus loin
Plus sourd, plus frais
Sur la grande pierre plate
Ça dégringole, ça tape
Ça éclabousse.
Mille pépites jaillissent.
La lumière traverse.
C'est une gerbe de diamants.

Attends encore !
Suis le soleil,
Il monte sous la voûte.
Il glisse sous les nuages.
Ça devient sombre.
C'est le frais que tu ressens.
Puis, d'un revers de main le vent bascule tout ;
Un brasier te chauffe.
Un brasier te brûle.
Bien heureuse soit la caresse du vent.

Arrête-toi encore
        Dans l'herbe : regarde…
        Les mottes de terre, pleines d'air.
        Plonge les mains.
        Sens, tripote.
        La terre coule entre tes doigts
        Du gras reste,
        Merci les taupes.
        Oh ! Bonheur des fleurs…
        Pose tes yeux ;
        Tes yeux leurs parlent.
        Tu n'es pas dehors
        Parmi elles, tu es
        Aucun espace ne vous sépare.
        Tu parcoures… en tous sens avec tous tes sens.
        Pense moins,
        Sens plus.
        Tu prends aussi
        De la vie tu prends
        Et tu donnes à ta vie
        Divin sacrifice.

        Prends aussi l'arbre dans tes bras.
        Pieds en terre, tu es colonne,
        Il est fort l'arbre !
        Elles sont fortes aussi les bêtes
        Surtout les petites,
        Sous les brins d'herbes,
        Toutes seules
        Et autour beaucoup,

Regarde !
        Il est l'heure que tu partes
        Le soleil s'enfile au milieu du chemin.

LE CHEMIN DES ORCHIS

Non loin de là…
Le clocher de l'église romane se hisse,
Hors de son chevet plat, il se tortille dans les airs.

Non loin de là…
De jeunes ormes bordent le chemin des orchis.
Ils sont couverts de feuilles dentées luisantes ;
Tendre vert sous le soleil.

Puis dans le passage, des souches embarrassent ;
Celles de chênes certainement !
L'écorce est profondément crevassée.
Cet hiver, la lame a sévit ;
De larges empreintes laissent en surface de grandes
cicatrices.

Non loin de là…
Le chemin arrive a découvert.
Sur le haut de la colline le champ se déverse en bas sur la
ferme.
Une coiffe rousse se découpe dans le ciel.

Non loin de là…
Le chemin se fait sinueux.
Il fait sombre, pas d'horizon.
Tout est couvert.

On pénètre dans une grotte…
Un antre végétal.
Une armée de « Don Quichotte » désarçonnés
Décharnés et faméliques se dressent menaçants.

A plaisir… je me fais peur :
Possible danger ! La rencontre du sanglier.
La terre est retournée ; il est passé.

Des feuilles d 'orchis, vernissées et flétries, s'éparpillent sur
le sol.
Des tubercules ; il s'est rassasié.

Enfin une ouverture…
Au fond, de la lumière, de l'air, du bruit,
Les voitures passent au-delà du champ d'or, au-delà des
peupliers blancs d'Italie.

Le chemin se heurte à la départementale ;
Finitude en pays connu.

Clocher tors de Pontigné (49)

POULET DE MAI

Dans une cocotte
Commence à faire fondre le beurre.
Lorsqu'il prend une belle couleur et qu'il devient mousseux,
Pose tes morceaux de poularde, à dorer sur toutes les faces.
Ça crépite.
Quand une odeur caramélisée se répand.
Tu jettes un peu de farine.
Chaque morceau doit être enrobé.
La farine doit cuire.
Tu peux alors verser le vin jaune,
Et le laisser bouillir quelques minutes.
L'odeur d'alcool doit disparaître,
Il ne reste que les arômes.
Ajoute les oignons préalablement revenus, puis les morilles ;
Les morilles que tu as ramassées au bout de la prairie dans
l'herbe sous les ormeaux.
C'est une odeur de feuilles, d'écorce d'arbres, d'humus.
Ajoute un peu de bouillon.
Puis des herbes aromatiques ramassées au jardin,
Menthe, verveine, citronnelle, thym, laurier,
Choisis à ta guise !
Quelques zestes de citron relèveront les saveurs.
Maintenant place le tout dans une terrine avec son couvercle
Et mets au four à 180 degrés durant 1 heure ou plus.
30 minutes avant de servir, ajoute abondamment de la crème
fleurette.

DEGUSTE
PLAISIR DES PAPILLES

IRISH COFFEE

Cristal, Oh, cristal
Contenant, tu épures l'intensité noire du café.
Tu dévoiles les reflets dorés du whisky.
Tu accrois la lactescence de la crème.

De là, une odeur grillée se répand.
Les lèvres plongent dans le délice blanc ;
D'abord du froid,
Puis un passage tout en douceur,
Puis le nectar chaud et puissant coule.
Les papilles se dilatent.

C'est un feu d'artifice ! Le palais explose
Du soleil enveloppe les arômes.
C'est une palette de saveurs.
Ça tangue de l'amer au doux.
Ça swingue d'une intensité fruitée dans la rondeur.

L 'ART EST CREATION

Les chairs sont pleines de lumière
Dodues et grassouillettes, le cadre les entrave
Elles s'échappent
« Caravage » me saisit.

Les fauves, eux, leurs couleurs,
Leurs couleurs m'éclaboussent
Leurs couleurs m'attrapent.

Quant à « Giono »
Les mots- les mots
Les phrases, les phrases
C'est un bouquet coloré d'images
C'est une musique flamboyante.

Et la musique ! dans tout cela
De la musique tout dépend,
J'aime qu'elle déborde, qu'elle s'expanse
Remplisse au bout de tout
Frappe contre les murs
Alors c'est une enveloppe de sons.

Des choristes aux multiples variations
Des baritons aux sopranos
Tant que le souffle va, tout va

Dès que l'ancrage part,
Le souffle s'essouffle,
Dévie, dérive, s'éteint.
Dissonance il y a
Concordance, il ne peut.

SAVANE

Quand le jour est encore là,
Que le ciel se colore de rose orangé,
Puis on sent la nuit à venir…
Une enveloppe insaisissable,
Légère, diffuse, impalpable,
Atténue tout.
Tout se fige.
C'est un voile qui se pose.
Le silence…
C'est magique.

SOLEIL ET LUMIERE

• SOLEIL •

Boule d'or, astre de feu, torche incandescente,
Le soleil décharge la lumière.
Il ne brille que lorsqu'il fait clair.
Incessamment d'orient, il vient,
D'occident il part.

Le soleil nous nourrit ;
Par son éclat, tout luit.
A nous voir si nous sommes éblouis.
Précieux alchimiste posé sur ta chevelure,
Il la rend d'or…

• LUMIERE •

La lumière est génie,
Elle distingue les corps, les éclaire, les donne à voir.
Pénétrant dans le vert des plantes, elle régénère.
Elle équilibre la nature.
La lumière manifeste l'ombre.
L'une sans l'autre n'auraient pas leur raison d'être.

Quand elle inonde, les couleurs s'éclaircissent.
Arbres, feuilles et fleurs miroitent ;
Certains, certaines même, paraissent transparentes ;
Quand d'autres semblent disparaître.
Rendant ce lieu délicieux dans ce jeu de lumière.

Et longtemps après,
Après les soleils d'été,
Au déclin, mais encore la clarté du jour,
Apparaît le moment doré.
Tout rayonne.
Une nuée d'or recouvre le paysage.

Perçu par l'œil,
La lumière retentit sur nos sens.
Elle influence notre âme.
Elle jaillit de l'être.
Elle éclaire notre cœur.

On peut la désirer.

Dans l'expérimentation de la vie,
Elle n'est pas simple griserie mais…
Beaucoup plus
Une accession à notre demeure,
A notre nature, à notre lieu.

Le mystique n'est pas folie, mais il est raison :
Il chemine vers la lumière.

LES COULEURS

Mélange de lumière et d'obscurité,
Partout sont les couleurs.
Elles interrogent la vue.
Elles parlent de société et de moralité.
Par associations, hors de leur compétence,
Elles proposent dans le domaine de l'esprit.

• BLANCS DE GRIS •

Sous le ciel cotonneux
Blanche neige recouvre le paysage d'une étoffe pure.
Elle efface les reliefs et brouille les perspectives.

Sur cette couche immaculée,
De petites empreintes incolores apparaissent
Se répètent, disparaissent à l'ombre de l'if.

Sombre reflet d'une secrète silhouette.

• ECOLOGIE •

Au printemps la vertu de la nature est de joie
Habillée d'espérance.
Toutes les nuances de vert sont présentes,
S'entendent de façon tendre et bienveillantes.
Entre les îlots verts des champs,
Librement distinctes,
Elles se reconnaissent les unes des autres.

• ETE D'OR •

Sous le ciel accablé de soleil,
Aucune terre n'est à nue.
La plaine porte le miel et l'or, régale la vue.
La colline fleurie de colza éclabousse
D'un jaune fou.
Sur la pente, coulent et croulent les tournesols,
Leurs têtes tournées au soleil
Pour prendre la couleur.

Au loin… sûrs de leur beauté,
Les blés libèrent au souffle du vent
Leurs blonds épis.

• AUTOMNE POURPRE •

Sur la terre ocre,
Le chemin part de ses pieds ;
Ses pas l'entraînent en avant,
Les joues mûries, rosées de vie, elle avance
Le sentier la porte
Stop
A l'érable elle s'arrête.
Tout est de flamme, tout est de feu,
Des tâches pourpres se détachent,
Virevoltent et s'ajoutent
Au tapis rougissant qui s'étale
En prenant toute la place.

Voyant le jour arrivé,
De son habit verdâtre, la voûte se dénude.
Et de nues bleuissantes, elle se vêtit.
Comme un désert d'azur, d'un bord à l'autre
Pareille à la mer, elle s'étale.
Pressentant la grêle où la neige à venir ;
Semblable à un linge sali, dur et froid
Son visage pâlit.
Percevant le soir
Quand la brume violacée plonge en eau profonde
Le blues l'envahit.

« Le vrai génie sans cœur est un non-sens. Car ni l'intelligence élevée, ni l'imagination, ni toutes ensembles ne font le génie. Amour ! Voilà l'âme du génie. »

Mozart

ELAN VITAL

• PROTOZOAIRE •

Une cellule :
Sage enveloppe, évaluant et discernant
Le bon pour vivre, le bon pour se reproduire.

• EROS •

La vie est sa source,
Amant de sagesse
Il porte le désir de vie.

Ego centré
Il part de soi.

Moteur de vie,
Il projette la joie du bon vécu, du bien vécu.

Origine du désir,
Il aspire à l'aboutissement des besoins.

Acteur de vie,
Il génère les tensions de l'aspiration de l'ardeur intérieure.

Pulsion de vie
Il enfante l'appétence de la beauté de l'objet de plaisir.

Espace affectif-mouvement d'âme,
Il se meut et s'émeut dans l'aimé.

Tension dans le corps de tous,
Il s'invite dans la production de la terre,
De tous les êtres et tous les autres.

• AU SEIN DE LA PHILIA •

L'amitié s'élabore au creux d'une inclination
Dont le dessein aspire à prendre soin.

Ils le prétendent réciproquement l'un pour l'autre.
Se reconnaissent tels qu'ils sont,
Acceptant d'emblée leur singularité et universalité.

Une rencontre fiable désintéressée ;
Un espace de liberté sans préjugés,
Une reconnaissance des besoins d'existence
Et des désirs avec bienveillance et tendresse.

Alors… peut s'ouvrir sans restriction,
Un lieu sans limite,
Un lieu où s'invitent les possibilités d'être.

• AMOUR DANS LA PHILIA •

La philia se révèle dans l'infinie tendresse
Douceur du bon, du beau…
Sensuelle bienveillance
S'émouvoir…
Aux sentiments s'identifier…

Dans l'assentiment des cœurs,
L'élan des âmes manifeste l'amour.
C'est un don qui s'exprime dans une infinie tendresse,
Danse là où elle est, telle qu'elle est.

Un espace se constitue ensemble,
Un lieu de rencontre se construit
Dans la profondeur des êtres.

• AMOUR-PASSION •

Amour-passion s'inscrit dans l'émerveillement,
Miroir flatteur du soi ; narcissique illusion de
reconnaissance.

Amour passion, volonté de se fondre dans l'unité,
Mais… s'inscrit dans la projection :
Multiple projection immuable.

Amour-passion s'inscrit dans la dépendance,
Ce désir ne peut réussir à être comblé :
L'amoureux, esclave de son amour.
Passion amoureuse tombe dans l'illusion de l'amour.

• PHILIA ET LIEN PARENTAL •

Le visage penché,
Plein de grâce
Le regard grave posé
Sur les paupiéres mi-closes de l'enfant
Contre ses seins nus, il tête.
Les lèvres retroussées, il aspire.
Rien de brun n'apparaît.
L'aréole à l'intérieur, disparaît,
Il déglutit.
Du fond de sa gorge
Elle entend le gloussement.
Ses cheveux cachent une partie de son visage

Et couvrent en partie l'enfant.
Il paraît en alternance,
Comme à travers les rais du soleil.

L'hormone coule en elle.
Elle l'aime dans sa chair.
Elle l'aime dans son ventre.
Les lèvres se relâchent,
Du lait coule au coin de sa bouche
Repu il dort.

• D'APRES KHALIL GIBRAN •

Nos enfants ne sont pas nos enfants,
Ils sont les fils et les filles de l'appel à la vie à elle-même,
Ils viennent à travers vous, mais non de vous,
Ils ne vous appartiennent pas,
Vous pouvez leur donner votre amour,
Mais non point de pensées
Car ils ont leurs propres pensées,
Vous pouvez accueillir leurs corps, mais pas leurs âmes,
Car leur âme habite la maison de demain,
Que vous ne pouvez pas même visiter dans vos rêves.

• LIEN D'OBJET •

Aspiration, tension vers la beauté de l'objet
Parfois attaché, convoité temporairement fusionné,
Pulsion, tension…
Parfois réalisation dans l'assouvissement.

« Objets inanimés avez-vous donc une âme qui s'attache à notre âme et la force d'aimer ? »

Alphonse de Lamartine

• INVITATION •

Eros-phillia-agapé
Elan de vie
S'abandonner dans l'essence de l'amour.

• SEXUS •

Par les sens éprouvés,
Dans l'assouvissement du plaisir,
Dans la possession de l'objet désiré
La tension se libère.

Je me remplis de moi
Le désir et la jouissance me suffissent.
L'autre reste un monde que j'ignore.
Un écart nous sépare.
Dans cette différence,
Seulement une ressemblance associe mon corps
À un corps extérieur différent du mien.

Êtres sensitifs
Nous percevons.

Êtres créateurs
Par nos sens nous naissons le monde.

Voir.
Entendre.
Sentir.
Gouter.
Toucher.

Chapitre 2

CONSCIENCE

PRESENTATION DE SOI

Je, tu, nous,
Pronoms personnels

   JE   Me présente
          Authenticité actuée

   TU   Altérité, objectivation qui tue
          Fermeture agression

   NOUS Ensemble, inclusion du on
          Globalité

Notre affectivité, notre ressenti construisent la langue ainsi structurée.

JE SUIS

Je suis
L'enfant de mes parents,
Le frère ou la sœur,
L'époux ou l'épouse,
Le père ou la mère,
La personne sociale qui paraît,
Celle qu'on voit… Ou se représente…
Que d'habits endossés pour chacune de ses fonctions.

J'existe
Et de mon corps, je l'habite.
Il se manifeste dans ses dispositions
Naturelles, physiologiques, anatomiques.
Je l'expérimente par mes sens.
Je me révèle dans la relation, l'échange.
Je dépends de lui et je le montre.
J'éprouve une sensation, une perception, de la joie, même
du plaisir ; une délectation de tous mes sens.

Petit à petit, je m'identifie à l'image
Aux multiples images…
Qu'il renvoie de moi.

Suis-je un sujet comme étant moi
Et différent de l'autre ?

Tout ce que connais est dedans,
Cela se construit et se déconstruit,
Au gré de mes ressentis
De mes émotions, de mes pensées,
De mon affectif, de mes désirs,

Je suis le sujet de mon mental,
De mon intellect, de celui qui pense,

Je suis réduit à l'expérience sensitive
Cognitive et affective,
Je n'ai d'autres réalités que ce je connais.

En dedans !
Vers la source ! Au centre !
Une ouverture transparente, invisible.

Cela

Ou est mon esprit ?
Dehors ? Dedans ?

Si je me retourne à l'intérieur…
L'objet extérieur est projection ?
L'objet intérieur création ?
L'objet perçu, senti, à l'extérieur
Projection de la création ?

Le vide est la nature !
L'autocréation est l'attribut !
La création est dans l'expérience des phénomènes !

Je suis
Au bout du voyage de
Je suis.

Tout se garde.
S'ajoute.
S'absorbe.

Ainsi est.

MOI A SOI

Moi à soi
Et moi qui je suis ?
Un tourbillon
Un cheval fou
Un bateau ivre
Sur les vagues de représentation
Je dérive.
Les dogmes sont mes boussoles.
Les convictions les certitudes me guident.
Attiré par le chant des sirènes
J'obéis aux apparences.
Ce qu'on pense de moi a de l'importance.
A tous azimuts je me fracasse,
Tout s'écoule sans relief et fade,
Sans couleur et sans goût.
Mais toi tu sais !
Tu es une épine dorsale
Que dis-je un fort !
Que le temps a construit en fort intérieur,
Là sans cesse ni devant ni derrière,
A toi-même, toujours à ta propre essence
Tu es présent.
Fidèle à toi
Dans tes discernements tu es libre
Conscient de tes choix ;
En concert de tes valeurs, de tes dons, de tes qualités,

Que d'authenticité !
Ton seul pouvoir est être là
En convivance affective dans le monde.

Chapitre 3

AFFECTIVITE

POSTURE

Un rapport existe entre la position du corps et l'attitude de
l'esprit.

N 'importe quel type de changement dans l'esprit
Entraîne des effets correspondants sur le plan physique.
Et réciproquement.

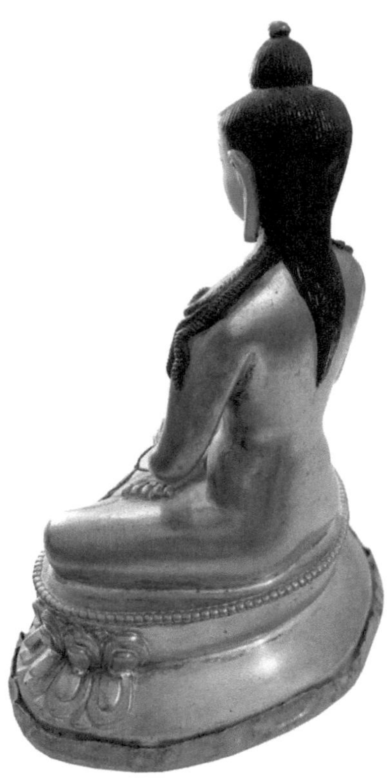

ZHONG DING

« *A tout instant contrôle la taille,*
Relâche et vide ton ventre pour que le souffle remonte
Mets le coccyx dans l'axe afin que l'énergie spirituelle remonte au
sommet de la tête,
Que ton corps soit détendu et libre sous la tête suspendue. »

Chant du « shi san shi » de Song Shuming, traduction en français par
Claudy Jeanmougin

EL DUENDE

C'est simple
C'est là.
Au creux du bassin…
Dans la coupe installée,
Le centre de gravité trouvé,
Là dans le secret de la base où tout jaillit.

Elan, création et vie
Etat de grâce
La verticalité ardente, oui
Le souffle animé, oui.

Il s'agit de tout cela
Et bien plus que cela
Quelque chose d'indicible
Accueillir ce qui ne peut être dit :
Félicité, puissance…
Révélées dans l'approche du torero
Révélées dans le flamenco.

Danseur, tu ne danses pas
Tu es la danse.

C'est là…
Et pourtant ! C'est là.

PRESENCE

Pieds posés, ancrés.
Au sol, adhérés,
Soutien pelvien : au temple précieux !
L'un pubis, face à l'autre, sacrum
Les « kua » s'étalent.
Les hanches s'élargissent.
Alors…
Assisse sur le promontoire mobile
La colonne s'étire, s'érige, là…
Où imperceptiblement s'installe
Le ballant de la tête suspendue

Emerveillée le regard lumineux est déjà profond,
Aisance souplesse transparence sont dans cette attitude.
De cette présence inouïe :
Je me révèle complet entier,
D'une main contractante
Dans la consistance
Je suis touchée dans mon intériorité.
C'est un régal des sens.
De l'un à l'autre
Un allant aimant, rayonnant.

Il sent, il sait, il est déjà là
Je sens, je sais, je suis là déjà.

ARS AMANDI

Un être ensemble d'amour,
Un désir d'âme révèle réciproquement, la richesse de la
jouissance
« Du bon vécu du beau vécu »
 Lieu sensible d'un commencement.

Déjà présents ; de leurs bases vécues s'unissent dans une
infinie tendresse,
Union singulière ;
Lieu sans lieu,
Mouvement sans mouvement,
Action sans action,
Pourtant là est la danse.
Juste au point d'équilibre oscillant
D'où émerge la verticalité.

Alors par la qualité de confirmation affective,
Un panorama sensoriel se déploie.
Source de félicité s'éprouve dans une union d'accord
Consentis en unanimité.

AU ROYAUME DU SOUFFLE

La respiration non, mais le support oui,
A l'inspiration, à l'expiration, à plaisir tu t'y glisses…
Tu prends le pouvoir et tu te réjouis,
La respiration m'échappe…

Fontaine de jouvence, tu remplis tout :
Dans l'épaisseur - tel un étau- tu concentres,
Lâchée, tu t'épanches tu t'expanses…

Telle une balancelle
 Ici tu combles et ailleurs tu vides ;

Impossible de te saisir,
Evanescence aérienne est ta nature
Rien ne t'entrave, rien ne t'arrête :
Curieux de l'altérité
Transporteur des émotions
Véhicule des perceptions.

A l'extérieur
Tu vas.

Quand par toi
La voix est portée
L'harmonie est son, son est harmonie.

JE, TU, NOUS
UN, DEUX, TIERS INCLUS

De l'âme corporée
Naît la rencontre.
C'est un soi-même
Avec l'autre lui-même.
Dans l'invitation :
C'est un temps vécu
Dans un même espace.

Ici par soi
Là par l'autre
Dans l'autre.

Ici par soi
Ici pour soi
Par là
Pour l'autre.

Là où nous sommes
Une rencontre émerge.

Etre-là, dans un même temps,
Etre-là, dans un même espace,
Accueillir, recevoir et partager.

Sandro Botticelli - Le printemps (détail)

Chapitre 4

SPIRITUALITE

TROIS EN UN

De l'un en trois
De trois en un :
Une même unité.

Longtemps, déjà…
Peut-être, depuis la nuit des temps
Les trois matres gauloises,
Image de la triple déesse,
Dominaient.

De l'unité universelle,
S'individualisaient
Le ciel, la terre, l'espace.

De la manifestation de l'espace
Emanait le temps
Le passé, le présent, l'avenir.

De l'élément hydrogène, créateur de l'univers
S'associaient
Au feu, à l'eau, à l'air.

De la composante nature du feu
Se produisaient
La lumière, la flamme, la chaleur.

De la cellule familiale
Se composaient
Le père, la mère, l'enfant.

De la substantivité de l'imaginaire symbolique
Se répartissaient :
« Ça », « moi », « surmoi »,

De la consubstantialité de la trinité chrétienne,
S'assemblaient
Le père, le fils, et le saint esprit,
Dans une cohérence perpétuelle,
Père et fils indifférenciés
S'unifiaient
Par le tiers esprit inclus.

Rien n'est caché.
Tout est là :
Là, réside la nature…
L'union de la présence primordiale, discernée au moyen de
sa propre clarté est manifestée.
L'union de la claire présence, inséparable de la vacuité est
émanée.
L'union de la clarté et de la vacuité est la nature manifestée.

En dehors de toute cause,
En dehors de toute pensée,
En dehors de toute conscience.
Au zénith de la présence
La nature se reconnaît.

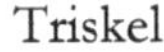

Triskel

LA QUETE DE LA LUMIERE

Dans l'aventure spirituelle,
L'héroïque chevalier s'engage.
La quête de la voie est son aventure.
Amour voué au divin est son instrument.
Il prend le chemin :
La marche spirituelle du travail intérieur.
Son culte, soumission à la loi de la voie est le service unique.

La voie des purs espaces
La voix qui répare,
Améliore corps et âme
D'une façon qu'on ignore,
Si on ne l'a pas éprouvée.

Dès lors,
La voix produit clairvoyance et clarté
Chasse l'orgueil pour accueillir l'humilité

Quand la voix entend toutes paroles ;
A peine de la bouche prononcée,
Pensées et désirs, elle perçoit.
Elle émerge toute entière en toi,
En faisant partir la colère ;
Si longtemps abritée.
Et posera en toi autant mérites et vertus
Que vices hébergés.

Le parcours de l'âme, aventure tu révèles,
Salut et contemplation le transcendent.
La voix advient, merveille manifestée
Le diamant jaillit :
Invisible est l'acheminement du voyage.

Parvenir à la vue est la finalité céleste :
Claire présence, autel de la vérité.
Rien ne paraît, rien ne s'éveille.
Tout est là, immuable et constant.
Telle est la nature.
Ainsi est.

ENTRE DEUX

Au bout de sa destinée,
Le voyageur instruit
De la connaissance et de la vérité,
Réalise de l'élément terre,
La brillance pure de l'ambre claire.

Au bout de sa destinée,
Le voyageur rempli
De vaillance et d'ardeur
Réalise de l'élément eau,
Le reflet pur de lapis lazuli.

Au bout de sa destinée,
Le voyageur éveillé
De discernement et de discrimination,
Réalise de l'élément feu,
L'éclat pur du rubis.

Au bout de sa destinée,
Le voyageur averti
Du goût unique de toutes choses, équanimité,
Réalise de l'élément air,
La transparence pure du jade.

Au bout de sa destinée,
Dans la grande compassion,
Le voyageur uni au non-obscurcissement et à la non-
délimitation de la vacuité
Réalise de l'élément espace
Le diamant brut de pure lumière.
En essence lumineuse et de couleurs,
Le voyageur libéré se fonde
Dans la luminescence rayonnante.

IMPERMANENCE

Hors de la réalité ; inaccessible est le réel,
Il contient toutes les possibilités, tous les phénomènes des
réalités créées.

Des voies de l'espace,
Passe le temps.
Ne te retourne pas !
Ne te projette pas !
Seul le maintenant t'appartient.

Goûter la divine saveur de chaque instant,
S'emplir de la céleste fragrance de chaque lieu,
Telle est la présence joyeuse
Du poète pénétré de lumière.

Bibliographie

Frans Veldman : « Haptonomie science de l'affectivité »

Jean-Louis Revardel : « L'univers affectif »

Nicolescu Basarab : « La transdisciplinarité »

Tenzin Wangyal : « Les prodiges de l'esprit naturel »

Federico Garcia Lorca : « Jeu et théorie du duende »

Raymonde Reznikov : « Les Celtes et le druidisme »

Michel Pastoureau : Les couleurs

Wang Zongyue : « Le classique du taiji »